누구나 할 수 있는 뇌 튼튼

실버 인지활동 워크북

이송은 · 안미영 · 한지선 · 홍선하 · 김숙영

동화가있는집 연구소 | 실버인지프로그램 개발팀

모든북스

머/리/말

치매예방과 인지기능 강화, 즐겁게 할 수는 없을까?

동화가있는집 연구소가 십여 년간의 수업기록을 담아 『치매예방과 인지기능 강화를 위한 노인 인지활동책놀이』(2019)를 발간한 이래, 문학을 매개로 한 어르신 통합인지활동의 수요가 꾸준히 증가하고 있다. 다양한 노인수업 현장에서 도란도란 들썩들썩 즐겁게 참여하시는 어르신들을 만나면서 다음과 같은 목표를 세우고 [뇌 튼튼] 워크북 시리즈를 기획하였다.

'일상 속에서 쉽게 접할 수 있는, 삶이 배어있는 인지활동 워크북'
'종이와 연필의 한계를 넘어선 유쾌한 놀이 같은 워크북'
'문해를 넘어 어르신과 가족이, 담당자와 어르신이 서로 소통할 수 있는 따뜻한 워크북'
'즐겁게 참여하면서 인지기능 강화와 효능감을 느낄 수 있는 워크북'

이 같은 목표를 위해 [뇌 튼튼] 시리즈는 기억력, 주의집중력, 지남력, 언어능력, 사고력, 시공간능력(시지각 및 시공간지각 능력)등 인지영역을 고르게 담고 있다. 아울러 장기기억 회상을 통해 정서적 안정감을 고취하고, 흥미로운 소재와 창의적인 놀이형식의 접근으로 우울감 해소에도 도움이 되도록 구성하였다. 인지기능 저하 진단을 받으신 분부터 치매를 예방하기 위한 분들까지 난이도에 맞는 훈련이 가능하도록 초급과 중급으로 구분하였고, 각 권은 일상생활과 관련된 절기나 명절이 포함되어 봄•여름(01) 편과 가을•겨울(02) 편으로 나뉘어져 있다.

이 책에는 저자들이 주야간보호, 요양원, 방문요양, 노인복지관, 경로당, 치매안심센터, 도서관에 이르까지 다양한 현장에서 어르신들과 함께 문제를 풀어보며, 수정을 거듭한 결과들이 담겨있다. 이 과정에서 바쁜 일정 가운데서도 기꺼이 감수를 맡아주신 이경민 작업치료사님께 감사드린다.

우리가 다양한 어르신들을 만나면서 깨닫게 된 두 가지는 '치매가 있다고 해서 섣불리 포기해서는 안 된다는 것', '100세 시대에 노년기에 접어든 삶도 여전히 현재 진행형으로서 학습하는 존재'라는 점이다. [뇌 튼튼] 시리즈가 치매 어르신, 가족, 기관 종사자분들, 치매예방을 위해 준비하는 모든 분들에게 도란도란 즐길 수 있는 이야깃거리가 되고, 행복한 마실 같은 인지활동 워크북이 되길 기대한다.

동화가있는집 연구소 | 실버인지프로그램 개발팀

일/러/두/기

[뇌 튼튼 시리즈의 특징]

◉ 인지능력별 구성

초급 : '인지기능 저하'로 진단받은 치매 어르신이나 최근에 현저하게 인지 기능 감퇴를
　　　 겪고 있는 분을 위한 것입니다.
중급 : 치매예방용 프로그램으로서 일반 어르신을 대상으로 합니다.

◉ 계절별 구성

기본적인 인지활동 주제 외에 계절별 자연의 특징이나 명절, 절기를 담고 있어 지남력
향상과 일상생활 수행능력 증진에 도움을 줍니다.
01 : 봄•여름　02 : 가을•겨울

◉ 다양하고 역동적인 놀이 방법 제시

정적인 지필형 활동에 국한되지 않고 다양한 놀이 방법을 제안합니다.
- 빙고, 가위바위보, 메모리 게임, 박수치기, 전통놀이, 그리기, 퍼즐 카드 등

[뇌 튼튼 시리즈 활동지 활용의 실제]

〈초급01〉

* 준비물 : 잘 써지는 연필과 지우개, 색연필(필요시)

◉ 1단계 : 그날 할 활동지를 (설명 없이) 보여드립니다.
◉ 2단계 : 문제나 〈보기〉 예시를 간결한 문장으로 설명합니다.
◉ 3단계 : 어르신이 반응할 때까지 기다려 드립니다.
◉ 4단계 : 어르신의 반응이 정답인 경우 확실하게 칭찬하고, 오답인 경우에도 지적하기보다는
　　　　　 추가 힌트를 제시함으로써 효능감을 고취시킵니다.

※ 중급의 경우 문해력과 문제에 대한 이해 정도에 따라 위 단계를 적절하게 적용할 수 있습니다.

목차

지금부터 뇌 튼튼!
인지활동 워크북을 시작해 볼까요?

이 책은 _____ 님의
뇌 튼튼! 활동북입니다.

꽃 꽃 기억하기 ①

1. 다음 꽃들의 이름을 말해 보세요.

💡 위에 있는 꽃들의 이름을 다시 한번 말해 보고, 기억해 주세요.

　　(다음 장으로 넘겨 주세요.)

꽃 꽃 기억하기 ②

2. 앞장에는 있었는데 사라진 꽃은 무엇인가요?

답 : _____

꽃 이름 비교하기

1. 다음 꽃들의 이름을 말해 보세요.

(   )

(   ) (   )

2. 위의 꽃들 중에서 이름이 가장 긴 꽃에 ○해 주세요.

입학식 날 손주 찾기

1. 할머니께서 손주 은율이에게 초등학교 입학 선물을 보냈습니다.
   은율이가 받은 선물의 이름을 말해 보세요.

2. 은율이를 찾아 번호에 ○해 주세요.

어디일까요?

1. 아래 물건들의 이름을 말해 보세요.

책상, 걸상

칠판

종

2. 다음 중 위 물건들을 사용하던 장소는 어디일까요?
   번호에 ○해 주세요.

❶

❷

❸

같은 쓰임새 찾기

1. 아래 사진은 옛날에 학교 가는 모습을 표현한 것입니다. 아이들이
   뒤에 메고 가는 것은 무엇일까요?

보기

2. 위 사진 속의 보자기와 쓰임새가 같은 물건을 찾아 ○해 주세요.

나물 캐러 가요

1. 다음은 산과 들에서 나는 나물들입니다. 이름을 보기에서 찾아 말해 보세요.

보기

냉이 쑥 두릅 달래

2. 위의 나물들이 나는 계절은 언제인가요?

답 : _____

3. 위의 나물들 중에서 국으로 끓이거나 떡으로도 해 먹고, 뜸의 재료로 많이 사용하는 나물을 찾아 그림에 ○해 주세요.

규칙 따라 꽃 채우기

아래 그림에 개나리, 진달래가 순서대로 나옵니다. 꽃들을 보면서 어떤 순서로 나오는지 생각해 보세요. 빈칸에는 어떤 꽃이 들어가야 할까요?

1.

2.

알록달록 꽃 색칠하기

아래의 꽃 모양을 보기와 같이 색칠해 완성해 보세요.

보기

방향 구별하기

1. 봄이 되어 강남 갔던 제비가 집으로 돌아오고 있습니다. 집이 아닌 다른 방향으로 날아가는 제비를 찾아 ○해 주세요.(2마리)

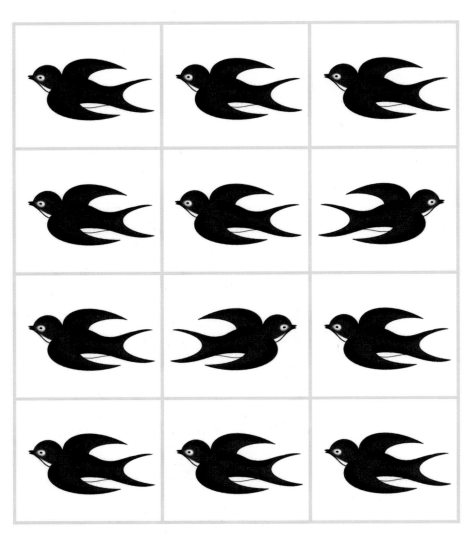

2. 집 쪽으로 날아가는 제비는 모두 몇 마리인가요?

_____ 마리

세 가지 보물 기억하기 ①

1. 다음은 옛이야기 <흥부 놀부>에 나오는 것들입니다. 각각의 이름을
   보기에서 찾아 말해 보세요.

보기

엽전   쌀   기와집

💡 위 3가지의 이름을 다시 한번 말해 보고, 기억해 주세요.

   (다음 장으로 넘겨 주세요.)

세 가지 보물 기억하기 ②

2. 앞장에는 있었는데 사라진 것은 무엇인가요?

답 : _____

어울리는 말 연결하기

다음 그림을 보고 어울리는 문장을 찾아 줄을 그어 보세요.

슬근슬근
톱질하세

덩실덩실
춤을 춰요

펄펄
눈이 내려요

감의 사계절

1. 계절에 따라 감의 모양이 변합니다. 계절에 맞는 감을 부록에서 찾아 빈칸에 놓아 보세요.

봄	여름	가을	겨울

2. 위의 감 중 수정과에 넣어 먹는 것은 무엇인가요?

답 : _____

3. 한겨울 감나무 꼭대기에 몇 개 남겨 놓는 감을 무엇이라고 하나요?

		밥

네잎클로버 찾기

1. 다음 그림 중에서 네잎클로버를 찾아 보기와 같이 ○해 주세요.

2. 보기를 포함하여 네잎클로버는 모두 몇 개인가요?

_____ 개

가자 가자 감나무

1. 다음 나무들의 이름을 말해 보세요.

감나무

자작나무

소나무

뽕나무

옻나무

2. 위에 있는 나무 이름으로 빈칸을 채워 보세요.

가자 가자	감	나무
오자 오자		나무
자장 자장	자작	나무
방귀 뀌는	뽕	나무
바람 솔솔		나무

혼례 물품 기억하기 ①

1. 다음 전통 혼례 물품의 이름을 보기에서 찾아 말해 보세요.

보기

청사초롱   함   나무기러기

💡 위 그림을 다시 살펴보고 잘 기억해 주세요.

(다음 장으로 넘겨 주세요.)

혼례 물품 기억하기 ②

2. 앞장의 그림과 같은 그림을 찾아 번호에 ○해 주세요.

부분과 전체 연결하기

왼쪽 그림을 보고 어떤 물건의 일부인지 줄을 그어 연결해 보세요.

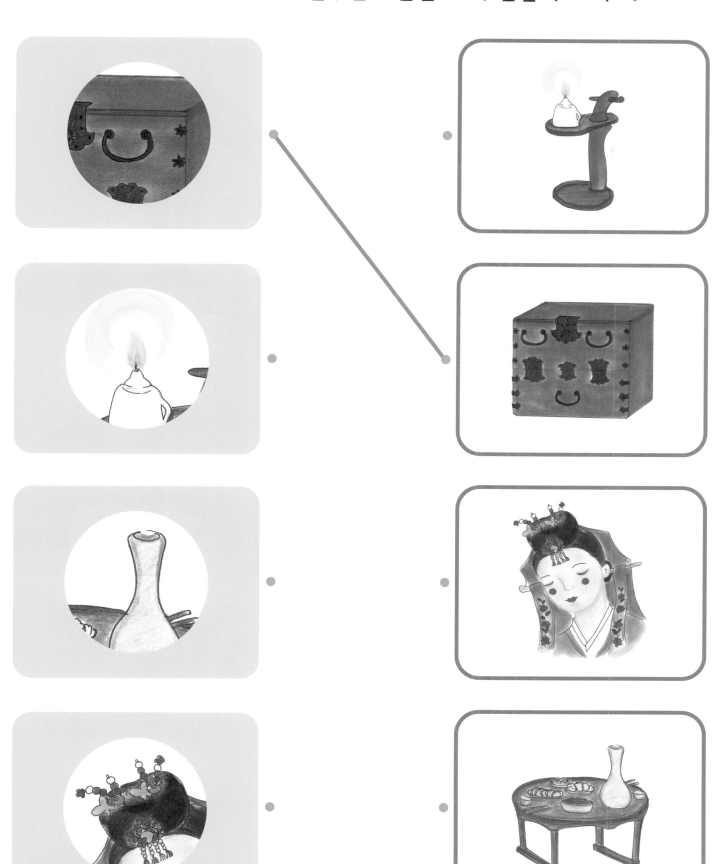

같은 생선 다른 이름

1. 옛날 전통 혼례에서는 새신랑의 발바닥을 때리는 풍습이 있었습니다.
   이때 사용한 말린 생선의 이름은 무엇인가요?

❶ 생 태

❷ 북 어

2. 그 밖에 명태는 또 어떤 이름이 있는지 말해 보세요.

답 : _____

다른 재질 찾기

다음 물건들의 이름을 말해보고 돌이 사용되지 않은 것을 찾아 번호에
○해 주세요.

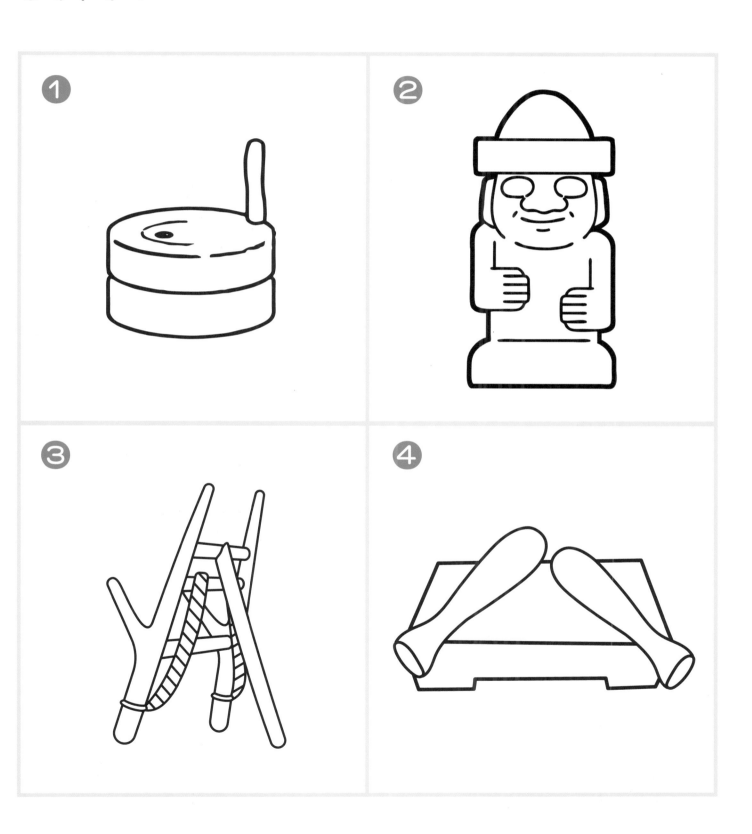

우리 동네 기관

다음 인물들의 직업을 말해 보세요. 일하는 장소가 어디인지 선으로
연결해 주세요.

높낮이 비교하기

1. 다음 3개의 돌탑 중 가장 높게 쌓은 돌탑을 찾아 번호에 ○해 주세요.

2. 가장 낮은 돌탑은 돌이 몇 개인지 세어 보세요.

_____ 개

같은 그림 찾기

다음 커피잔들의 손잡이 방향을 잘 봐주세요.
보기 의 커피잔과 손잡이 방향이 같은 잔에 ○해 주세요.(3개)

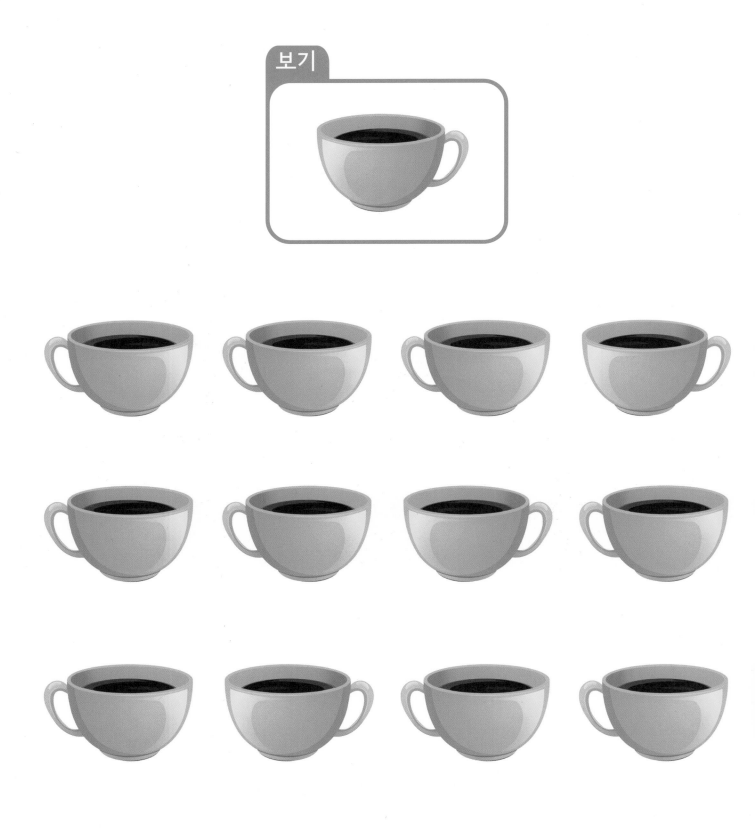

성냥개비 요래조래

1. 다음 보기 와 같이 놓여진 성냥개비를 찾아 번호에 ◯해 주세요.

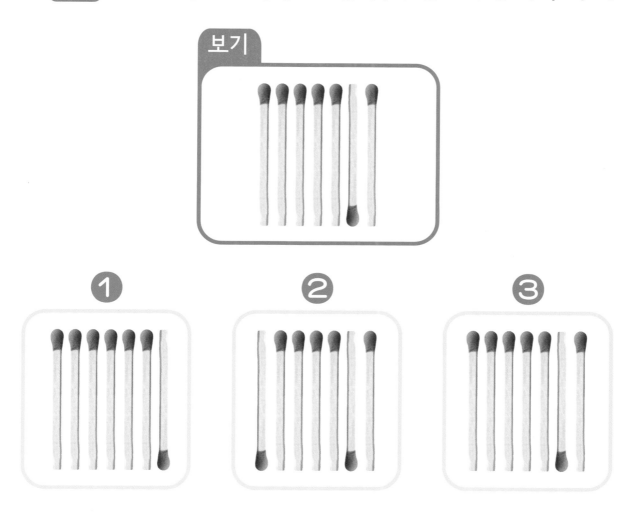

2. 다음 그림에 사용된 성냥개비의 개수는 모두 몇 개인가요?

_____ 개

찻값 계산하기

만복씨가 찻집에서 차를 주문하고 있습니다. 메뉴판을 보고 물음에 답해 보세요.

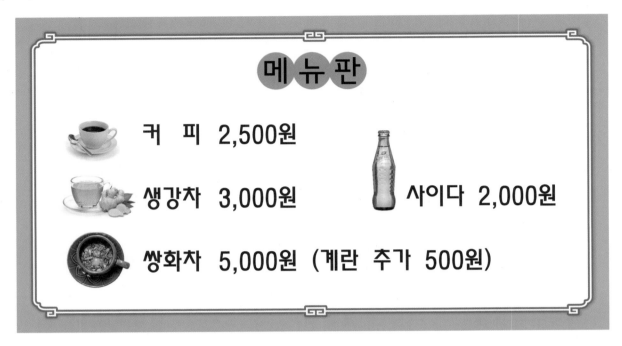

계란 동동 띄워서 쌍화차 1잔 주세요.

1. 만복씨가 내야 할 음료 값은 얼마인가요?

_____ 원

2. 위 메뉴 중 가장 싼 음료는 무엇인가요?

다른 부분 찾기

아래 두 그림을 보고 서로 다른 부분을 찾아 2번 그림에 ○해 주세요.
(3군데)

미로 찾기

김여사님이 약을 사러 갑니다. 올바른 길을 찾아 선을 그어 보세요.

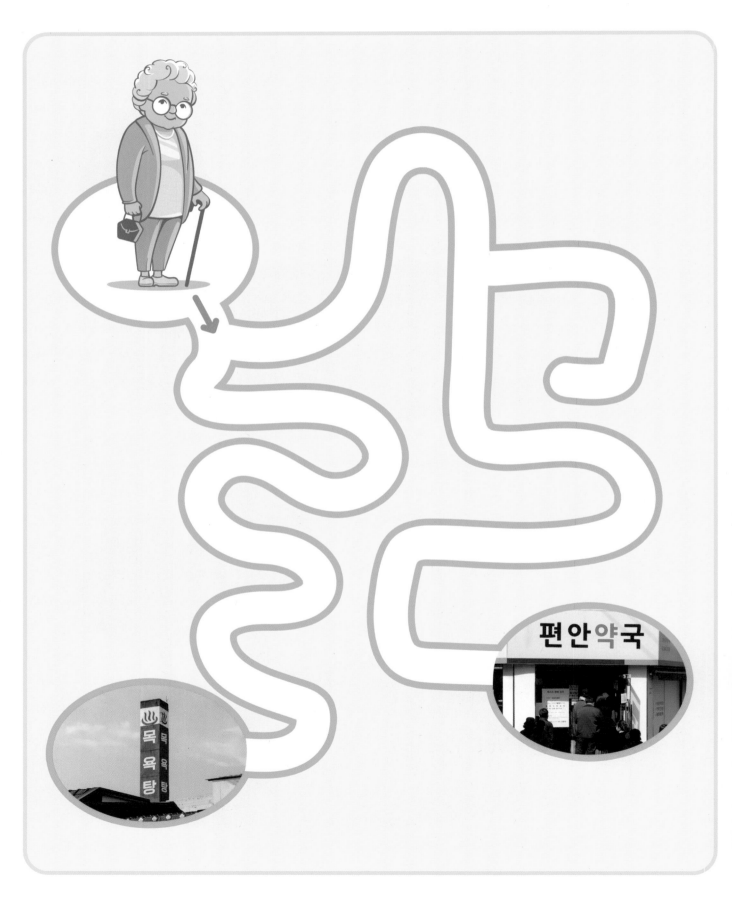

상황에 대처하기

1. 다음 그림과 같은 상황에는 어떻게 해야 할지 알맞은 그림을 찾아 번호에 ○해 보세요.

2. 몸에 갑자기 심각한 이상 증세가 나타날 때는 어디로 전화해야 할까요?

❶ 113   ❷ 114   ❸ 119

다른 표정 찾기

1. 다음 인물들의 얼굴을 잘 보고 어떤 표정인지 말해 보세요.

2. 위 인물들 중 나머지 세 사람과 표정이 다른 한 사람을 찾아 번호에
   ○해 주세요.

물건 위치 기억하기 ①

1. 다음 그림에 있는 물건은 무엇인가요? 물건이 있는 위치를 잘 기억해 주세요.

위에 있는 물건의 위치를 다시 한번 보고, 기억해 주세요.

(다음 장으로 넘겨 주세요.)

물건 위치 기억하기 ②

2. 앞장에 있었던 물건은 무엇인가요?

답 : _____

3. 물건이 있던 위치에 ○해 주세요.

퍼즐 맞추기

다음 보기 의 그림을 잘 봐주세요. 부록에서 그림 카드를 떼어 보기 와
같이 완성해 주세요.

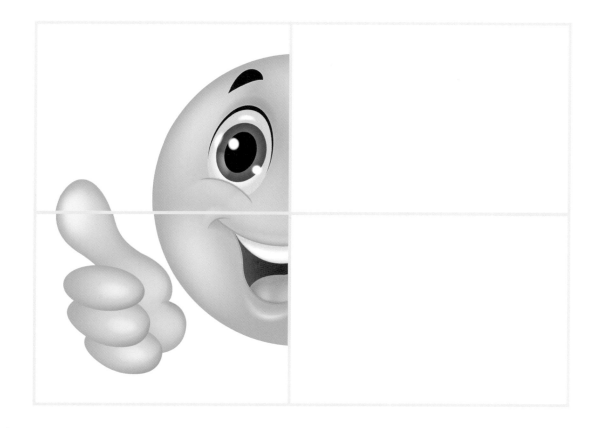

같은 그림 찾기

보기 를 보고 같은 그림을 아래에서 찾아 번호에 ○해 주세요.

보기

① ② ③

용도에 맞는 그릇 찾기

콩나물을 기르려고 합니다. 아래 그릇들 중에서 콩나물을 기를 수 있는 것을 찾아 ○해 주세요.

가려진 반쪽 찾기

항아리 반쪽이 가려져 있습니다. 원래의 항아리 모양을 찾아서 ○해
주세요.

가수와 악기 찾기

무대 위에 사람들이 있습니다. 무엇을 하고 있는지 잘 봐 주세요.

1. 마이크를 잡고, 노래를 부르고 있는 가수를 찾아 ○해 주세요.

2. 악기를 찾아서 △해 주세요.

다른 얼굴 찾기

다음은 옛이야기 <혹부리 영감>에 나오는 주인공의 얼굴입니다.
나머지와 다른 얼굴 하나를 찾아서 ○해 주세요.

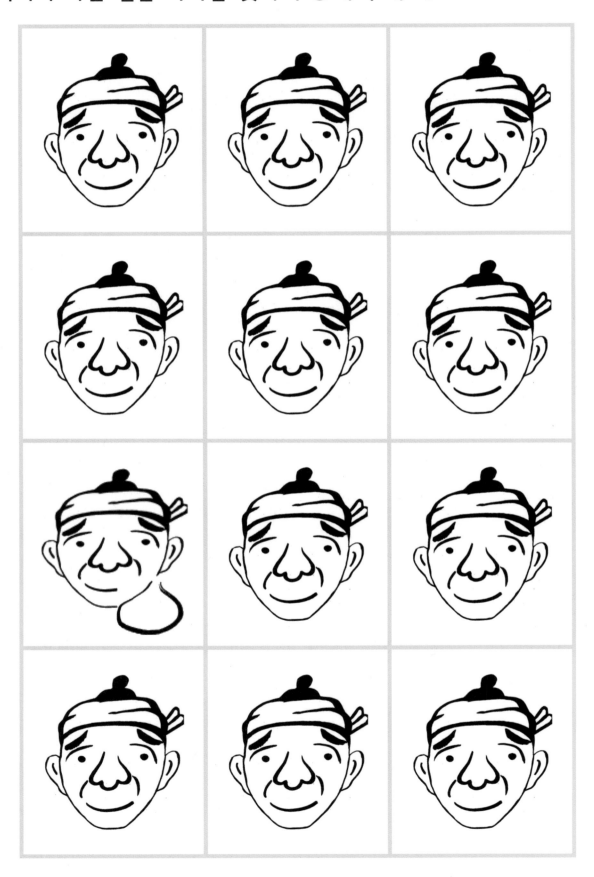

빙고 만들기

다음의 보기 처럼 같은 그림이 나란히 한 줄이 되는 것을 빙고라고 합니다.

1. 아래 그림을 잘 보고, 부록에서 그림카드 2개를 떼어 가로로 빙고가
   되도록 빈칸에 놓아 보세요.

2. 세로로 빙고가 되도록 그림 카드 2개를 빈칸에 놓아 보세요.

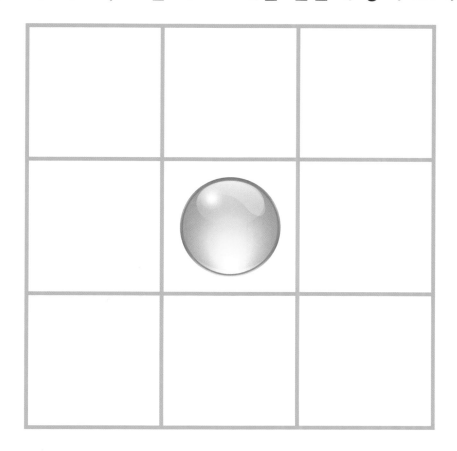

물건의 재질 구별하기

1. 다음 그릇들의 이름을 말해 보세요.

2. 위 그릇 중 불 위에 올려놓고 사용할 수 있는 것에 ○해 주세요.(2개)

바르게 놓인 것 찾기

아래에 여러 개의 주전자들이 있습니다. 놓여진 모습을 잘 보고 내용물이
쏟아지지 않도록 바르게 놓인 주전자에 ○해 주세요.(2개)

길 따라 선 긋기

예전에는 아이들이 막걸리 심부름을 다니곤 했습니다. 아이가 집에 잘 도착할
수 있도록 길을 따라 선을 그어 주세요.

사는 곳 구별하기

다음은 모가 자라고 있는 논의 풍경입니다. 그림을 잘 보고, 답해 주세요.

1. 논에서 살지 않는 것을 찾아 그림에 ○해 주세요.

2. 그림에서 논에 살고 있는 것을 찾아 이름을 말해 보세요.

같은 모양 찾기

보기와 같은 집 모양을 아래에서 찾아 번호에 ○해 주세요.

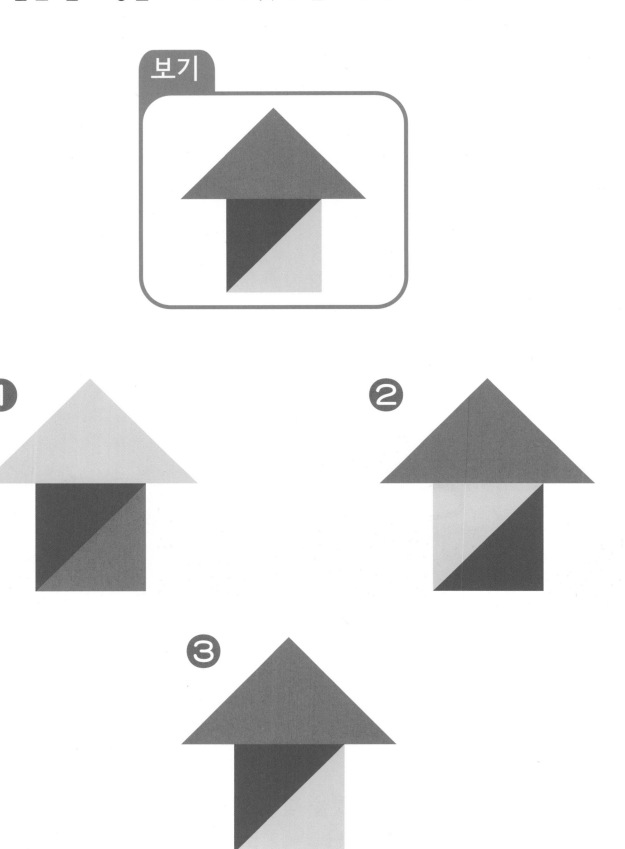

'이'자로 끝나는 말

1. 아래 그림을 보고 각각의 이름을 말해 보세요.

우렁이

2. '우렁이'처럼 이름이 '이'자로 끝나 는 것을 찾아 ○해 주세요. (보기 외 3개)

'어'자로 끝나는 이름

시장의 어물전에 가면 여러 가지 해산물이 있습니다. 다음 중 이름이 '어'자로 끝나는 것에 ○해 주세요.(3개)

속담 완성하기

다음은 생선과 관련된 속담입니다. 빈칸에 들어갈 알맞은 그림을 부록에서 찾아 놓아 보세요.

 망신은  가 시킨다.

달력에서 요일 찾기

다음은 부산의 영도다리 사진입니다.

1. 위 사진을 보고 영도다리가 왜 올라가는지 말해 보세요.

2. 영도다리는 관광객을 위해 매주 **토요일 오후 2시**에만 올라간다고 합니다. 다리가 올라가는 것을 볼 수 있는 날을 아래 달력에서 모두 찾아 ○ 해 주세요.

2023 **8월**

일	월	화	수	목	금	토
		1	2	3	4	5
6	7	8	9	10	11	12
13	14	15	16	17	18	19
20	21	22	23	24	25	26
27	28	29	30	31		

동물 다리 연결하기

1. 동물들의 이름을 말해 보고, 다리를 찾아서 선으로 연결해 주세요.

💡 위 동물들의 이름을 다시 한번 말해 보고, 기억해 주세요.

（다음 장으로 넘겨 주세요.）

앞장의 동물 기억하기

2. 앞장에는 있었는데 사라진 동물은 무엇인가요?

답 : _____

곰 다리 새 다리

곰 다리 네 개   새 다리 두 개

곰 다리 네 개   새 다리 두 개

곰 다리 네 개   새 다리 두 개

합해서 여섯 개

♪동요 <열 꼬마 인디언> 곡조에 위 가사를 넣어 노래를 불러 보세요.

같은 소리 다른 뜻

다음 그림을 잘 보고 각각의 이름을 말해 보세요. 그중 같은 소리가 나는 것 끼리 연결해 보세요.

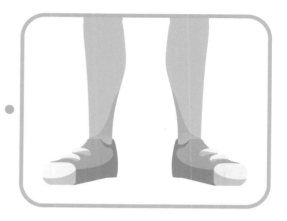

물건 값 계산하기

1. 두부 1모는 1,500원입니다. 알맞은 금액을 찾아 번호에 ○해 주세요.

2. 두부 2모는 3,000원입니다. 3,000원이 되게 돈에 ○해 주세요.

수만큼 색칠하기

보기 를 잘 보고 빈칸을 색칠해 보세요.

보기

왼쪽의 상자 수만큼 오른쪽의 빈칸을 색칠합니다.

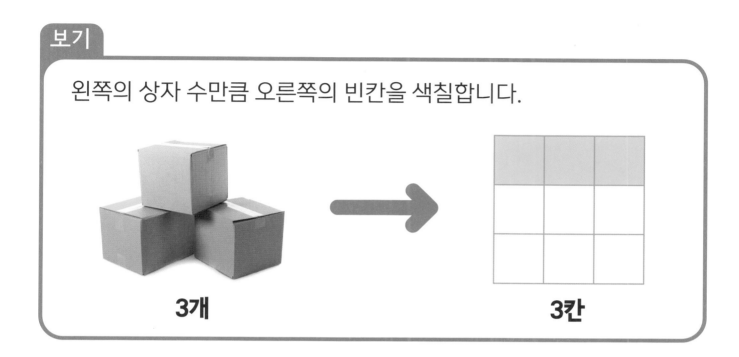

3개　　　　　　　**3칸**

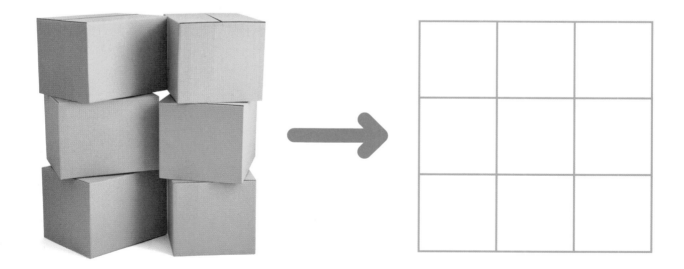

무슨 음식이 될까요?

다음 보기 의 재료로 만들 수 있는 음식을 찾아 번호에 ○해 주세요.

보기

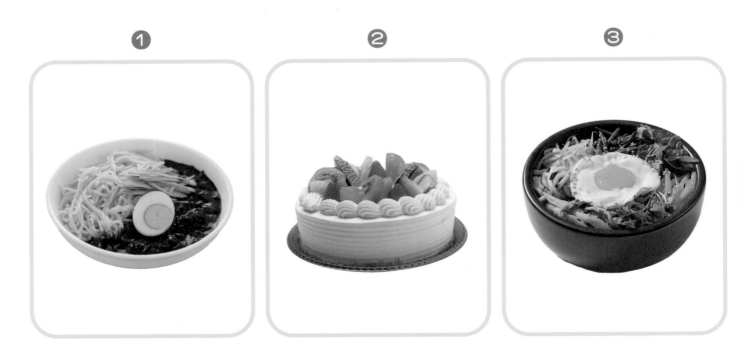

문자 내용 기억하기 ①

1. 다음의 휴대폰 문자 내용을 잘 기억해 주세요.

두부,
고등어
사다 주세요^^

2. 두부나 고등어로 만들 수 있는 요리를 두 가지씩 답해 보세요.

⊙ 두 부 : _____ , _____

⊙ 고등어 : _____ , _____

💡 위에 있는 문자 내용을 다시 한번 말해 보고, 기억해 주세요.
   (다음 장으로 넘겨 주세요.)

문자 내용 기억하기 ②

앞장의 휴대폰 문자에 나왔던 음식 재료를 찾아 ○해 주세요.

빨래 도구 찾기

아래 물건 중 빨래를 할 때 사용하는 것에 ○해 주세요.(2개)

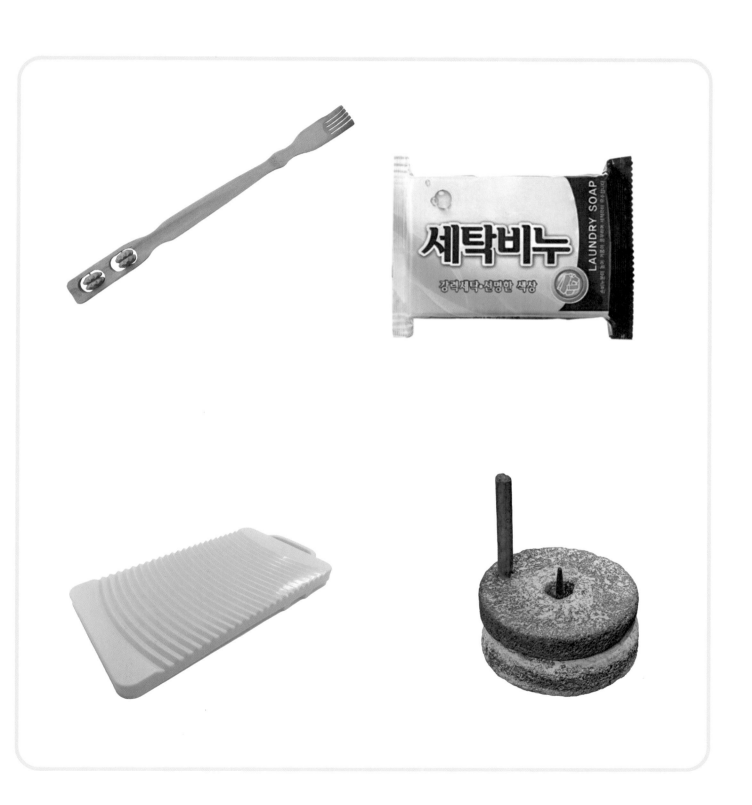

계절의 상징 (여름)

다음 그림 중 주로 여름에 볼 수 있는 것에 ○해 주세요.

매미

은행잎

선풍기

눈사람

수박

늘어나는 것 찾기

1. 다음 물건들의 이름을 말해 보세요.

2. 위 그림에서 쭉쭉 늘어나는 것에 ○해 주세요.(3개)

규칙 따라 칸 채우기

아래 그림에 부채들이 순서대로 나옵니다. 부채들을 잘 보면서 어떤 순서로 나오는지 생각해 보세요. 빈칸에는 어떤 부채가 들어가야 할까요?

1.

2.

나무에 열리는 과일 찾기

1. 다음 과일·채소의 이름을 말해 보세요.

2. 위 그림 중 나무에 열리는 과일을 찾아 ○해 주세요.(3개)

그림 속 인물 찾기

다음은 김홍도의 풍속화 '서당'입니다. 그림을 잘보고 답해 보세요.

1. 그림 속에서 훈장님을 찾아 ○해 주세요.

2. 서당 안에 있는 사람은 모두 몇 명인가요?

_____ 명

색깔 찾기

잘 익은 딸기를 그리려고 합니다. 알맞은 색깔의 붓을 찾아 번호에 ○해 주세요.

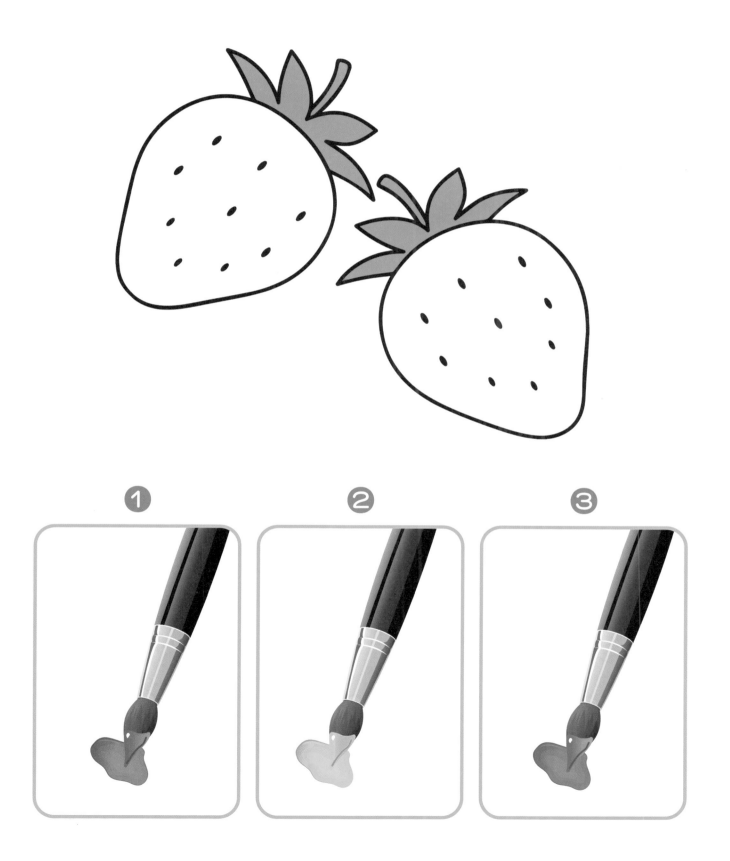

①   ②   ③

상황에 대처하기

다음 그림의 상황을 잘 보고 어느 병원으로 가야 하는지 줄을 그어 보세요.

안과

내과

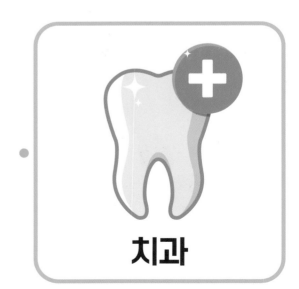

치과

추억의 먹거리

1. 옛날 주전부리와 관련된 사진을 보고, 서로 어울리는 것을 찾아서
   바르게 연결해 주세요.

  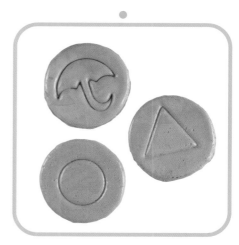

2. 옛날에 즐겨 먹던 주전부리를 말해 보세요.

아이스케~키

옛날에는 여러 가지 고물로 아이스케키를 바꿔 먹었습니다.
그림을 잘 보고 물음에 답해 보세요.

고무신은 1개

병은 2개

냄비는 3개

1. 아이스케키를 가장 많이 받을 수 있는 고물은 무엇인가요?

답 : _____

2. 병 2개로 아이스케키 몇 개를 바꿀 수 있나요?

_____ 개

사는 곳 구별하기

다음 중 사는 곳이 나머지와 다른 하나를 찾아 ○해 주세요.

다른 부분 찾기

아래 두 그림을 보고 서로 다른 부분을 찾아 2번 그림에 ○해 주세요.
(3군데)

케이크 조각 맞추기

다음 케이크를 보고 빈 곳에 들어갈 알맞은 조각을 찾아 번호에 ○해
주세요.

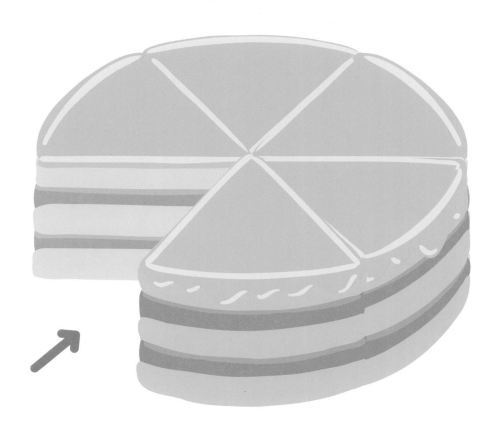

① ② ③

칠월 칠석 오작교

1. 다음은 옛 이야기 <견우와 직녀>의 한 장면입니다. 부록에서 그림 카드를 떼어 사랑의 오작교를 완성해 보세요.

2. 견우와 직녀가 만나는 날은 언제인가요?

답: 음력 7월 (   )일

그림자 찾기

1. 소들의 모습을 자세히 살펴보고, 그림자를 찾아 선으로 연결해 주세요.

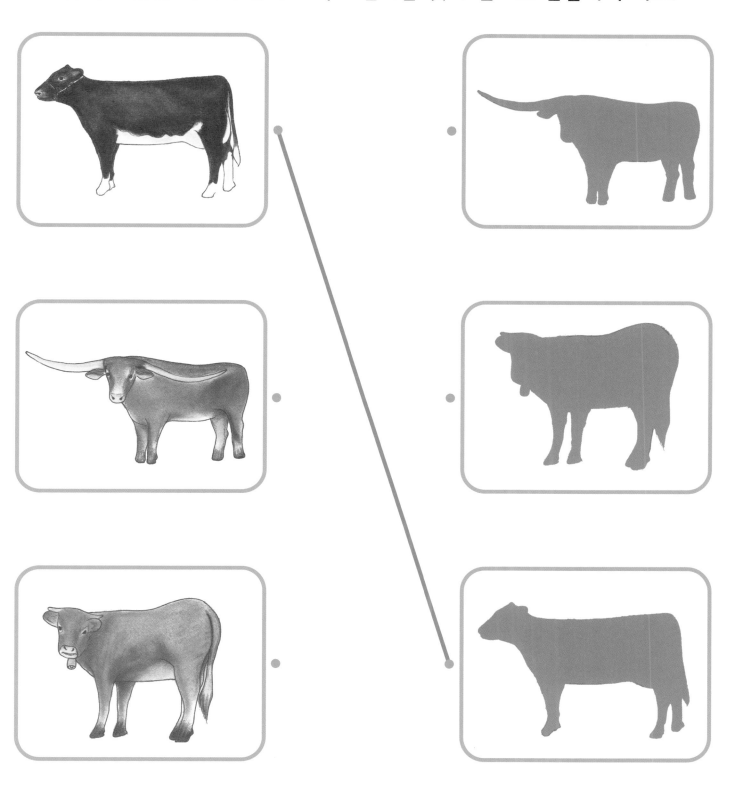

💡 위의 왼쪽에 있는 소 3마리를 다시 한번 보고, 기억해 주세요.

(다음 장으로 넘겨 주세요.)

앞장의 그림 기억하기

2. 앞장에는 없었는데 새로 나타난 소를 찾아 ○해 주세요.

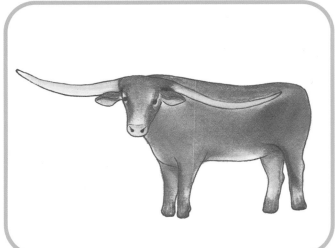

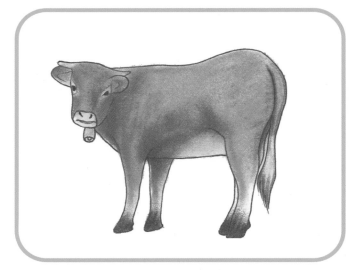

까치 수 세기

1. 까치와 까마귀의 그림을 잘 보고, 보기와 같이 까치를 찾아서 ○해 주세요.

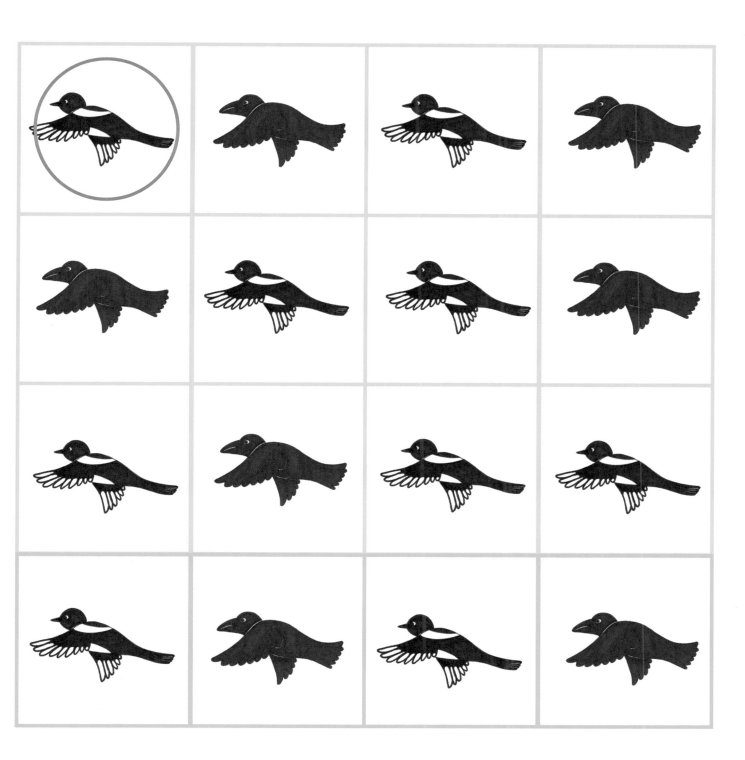

2. 보기를 포함하여 까치는 모두 몇 마리입니까?

_____ 마리

같은 사람 찾기

텔레비전에 나온 사람은 누구인지 아래 그림에서 찾아 번호에 ○해 주세요.

가위바위보

두 사람이 가위바위보를 합니다. 빈칸에 알맞은 가위바위보 손 모양을 부록
에서 찾아 놓아 주세요.

	승 (이겼다)	패 (졌다)
1회	✋	✊
2회	✌	
3회	✊	
4회		✊
5회		✌

왕딱지 찾기

1. 다음 딱지의 그림이 어떤 놀이인지 말해 보세요.

2. 위의 딱지 중 별의 개수가 가장 많은 왕딱지를 찾아 번호에 ○해 주세요.
   별의 개수는 몇 개인가요?

   _____ 개

가전제품 구별하기

1. 다음은 무엇을 하는 모습인가요?

❶ 빨래　　　　❷ 낚시

2. 위 그림과 관련된 가전제품을 찾아 번호에 ○해 주세요.

❶	❷	❸	❹
청소기	세탁기	밥솥	냉장고

누구의 옷일까요?

빨랫줄에 빨래들이 널려 있습니다. 그림을 잘보고 아래 물음에 답해 주세요

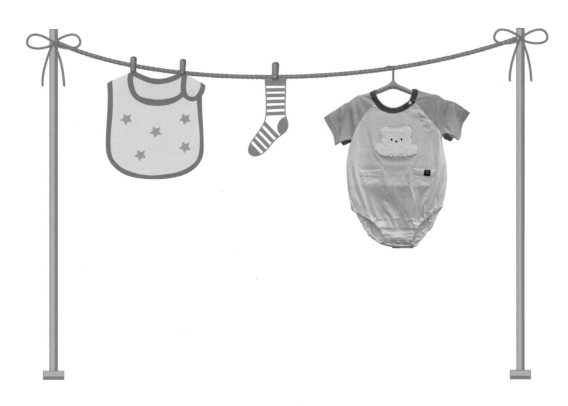

1. 위 빨래들은 누구의 옷일까요? 알맞은 사람을 찾아 ○해 보세요.

2. 위 빨랫줄에 걸린 양말과 같은 짝을 찾아 번호에 ○해 주세요.

생활용품 구분하기

1. 다음은 잠을 잘 때 사용하는 물건입니다. 무엇일까요?

① 베개   **②** 우산

2. 물건들의 이름을 말해 보고, 위 물건과 함께 사용하는 것을 찾아 번호에 ○해 주세요.

①   **②**   **③**

무엇이 들어있을까?

다음 왼쪽 사진과 어울리는 짝을 찾아 줄을 그어 보세요.

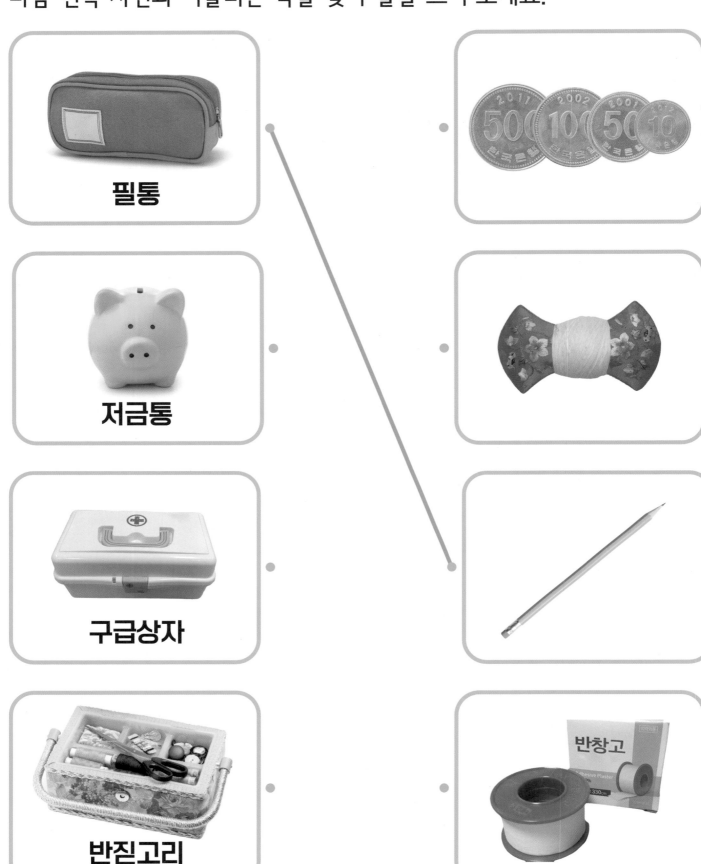

필통

저금통

구급상자

반짇고리

이모저모 가위

여러 종류의 가위들이 있습니다. 쓰임새에 맞게 연결해 주세요.

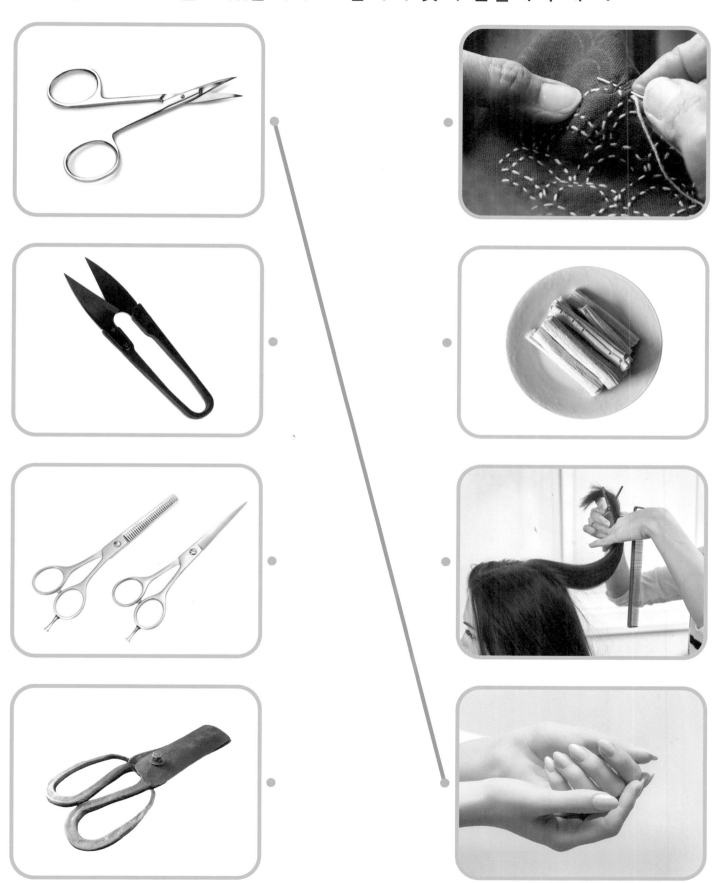

같은 쓰임새 찾기

1. 다음은 옛날에 사용했던 물건들입니다. 이름을 말해 보세요.

2. 위 물건과 쓰임새가 같은 가전제품을 찾아 번호에 ○해 주세요.

❶ 믹서기　❷ 다리미　❸ 전자렌지

p.1

꽃 꽃 기억하기 ① 기억력

1. 다음 꽃들의 이름을 말해 보세요.

개나리

무궁화　코스모스

☀ 위에 있는 꽃들의 이름을 다시 한번 말해 보고, 기억해 주세요.
(다음 장으로 넘겨 주세요.)

p.2

꽃 꽃 기억하기 ② 기억력

2. 앞장에는 있었는데 사라진 꽃은 무엇인가요?

?

답 : 코스모스

p.3

꽃 이름 비교하기 언어능력

1. 다음 꽃들의 이름을 말해 보세요.

(나팔꽃)

(장미 (꽃))　(해바라기 (꽃))

2. 위의 꽃들 중에서 이름이 가장 긴 꽃에 ○해 주세요.

p.4

입학식 날 손주 찾기 주의집중력

1. 할머니께서 손주 은율이에게 초등학교 입학 선물을 보내셨습니다. 은율이가 받은 선물의 이름을 말해 보세요.

가방　운동화 (신발)

2. 은율이를 찾아 번호에 ○해 주세요.

① ② ③

p.5

어디일까요? 사고력·지남력

1. 아래 물건들의 이름을 말해 보세요.

책상, 걸상　칠판　종

2. 다음 중 위 물건들을 사용하던 장소는 어디일까요? 번호에 ○해 주세요.

① ② ③

p.6

같은 쓰임새 찾기 사고력

1. 아래 사진은 옛날에 학교 가는 모습을 표현한 것입니다. 아이들이 뒤에 메고 가는 것은 무엇일까요?

보기 **책보**

2. 위 사진 속의 보자기와 쓰임새가 같은 물건을 찾아 ○해 주세요.

p.7

나물 캐러 가요 지남력

1. 다음은 산과 들에서 나는 나물들입니다. 이름을 보기에서 찾아 말해 보세요.

쑥　두릅

달래　냉이

보기　냉이　쑥　두릅　달래

2. 위의 나물들이 나는 계절은 언제인가요?

답 : 봄

3. 위의 나물들 중에 국으로 끓이거나 떡으로 해 먹고, 떡의 재료로 많이 사용하는 나물을 찾아 그림에 ○해 주세요.

p.8

규칙 따라 꽃 채우기 사고력

아래 그림에 개나리, 진달래가 순서대로 나옵니다. 꽃들을 보면서 어떤 순서로 나오는지 생각해 보세요. 빈칸에는 어떤 꽃이 들어가야 할까요?

1.

? ① ②

2.

? ① ②

p.9

알록달록 꽃 색칠하기 시지각능력

아래의 꽃 모양을 보기와 같이 색칠해 완성해 보세요.

보기

p.10

방향 구별하기 주의집중력·계산력

1. 봄이 되어 강남 갔던 제비가 집으로 돌아오고 있습니다. 집이 아닌 다른 방향으로 날아가는 제비를 찾아 ○해 주세요. (2마리)

2. 집 쪽으로 날아가는 제비는 모두 몇 마리인가요?
_____10_____ 마리

p.11

세 가지 보물 기억하기 ① 기억력

1. 다음은 옛이야기 <흥부놀부>에 나오는 것들입니다. 각각의 이름을 보기에서 찾아 말해 보세요.

엽전

쌀　기와집

보기　엽전　쌀　기와집

☀ 위 3가지의 이름을 다시 한번 말해 보고, 기억해 주세요.
(다음 장으로 넘겨 주세요.)

p.12

세 가지 보물 기억하기 ② 기억력

2. 앞장에는 있었는데 사라진 것은 무엇인가요?

?

답 : 쌀

p.13

어울리는 말 연결하기 언어능력

다음 그림을 보고 어울리는 문장을 찾아 줄을 그어 보세요.

슬근슬근 톱질하세

덩실덩실 춤을 춰요

펄펄 눈이 내려요

p.14

감의 사계절 지남력

1. 계절에 따라 감의 모양이 변합니다. 계절에 맞는 감을 부록에서 찾아 빈칸에 놓아 보세요.

봄　여름　가을　겨울

2. 위의 감 중 수정과에 넣어 먹는 것은 무엇인가요?
답 : 곶감

3. 한겨울 감나무 꼭대기에 몇 개 남겨 놓는 감을 무엇이라고 하나요?
까 치 밥

p.15

네잎클로버 찾기 주의집중력·계산력

1. 다음 그림 중에서 네잎클로버를 찾아 보기와 같이 ○해 주세요.

2. 보기를 포함하여 네잎클로버는 모두 몇 개인가요?
_____14_____ 개

p.16

가자 가자 감나무 언어능력

1. 다음 나무들의 이름을 말해 보세요.

감나무　자작나무

소나무　뽕나무　옻나무

2. 위에 있는 나무 이름으로 빈칸을 채워 보세요.

가자 가자　**감**　나무
오자 오자　**옻**　나무
자장 자장　자작　나무
방귀 뀌는　뽕　나무
바람 솔솔　**소**　나무

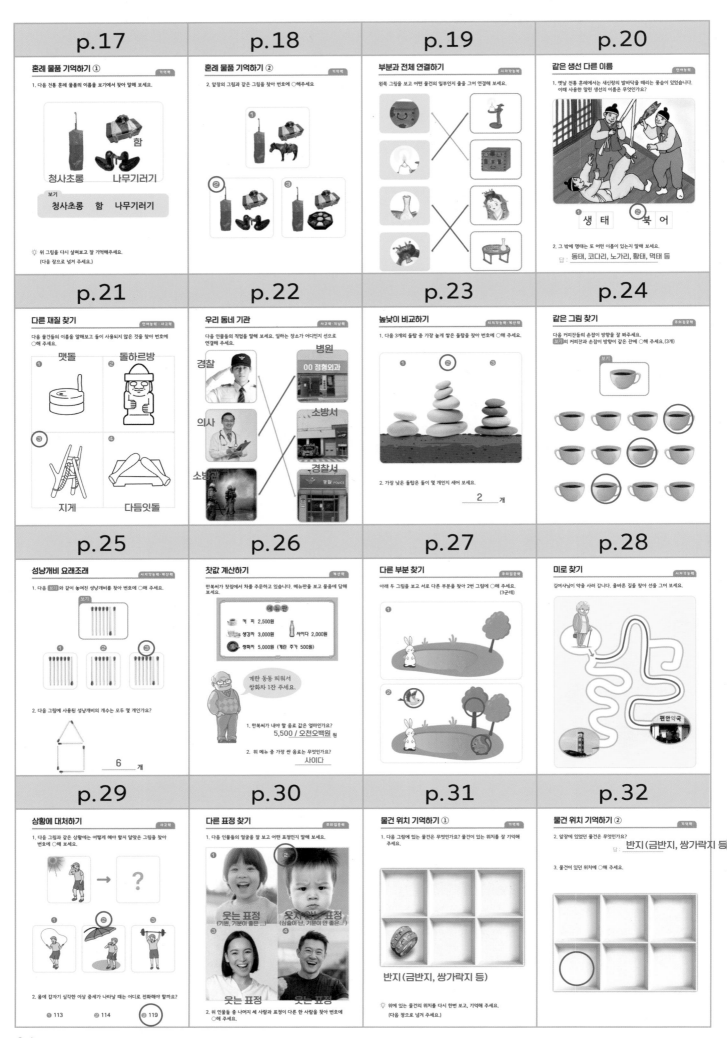

p.17

혼례 물품 기억하기 ①　[기억력]

1. 다음 전통 혼례 물품의 이름을 보기에서 찾아 말해 보세요.

함
청사초롱　　나무기러기

보기
청사초롱　함　나무기러기

☀ 위 그림을 다시 살펴보고 잘 기억해주세요.
(다음 장으로 넘겨 주세요.)

p.18

혼례 물품 기억하기 ②　[기억력]

2. 앞장의 그림과 같은 그림을 찾아 번호에 ○해주세요.

①
②
③

p.19

부분과 전체 연결하기　[시지각능력]

왼쪽 그림을 보고 어떤 물건의 일부인지 줄을 그어 연결해 주세요.

p.20

같은 생선 다른 이름　[언어능력]

1. 옛날 전통 혼례에서는 새신랑의 발바닥을 때리는 풍습이 있었습니다. 이때 사용한 말린 생선의 이름은 무엇이었나요?

① 생 태　　② 북 어

2. 그 밖에 명태는 또 어떤 이름이 있는지 말해 보세요.
답 : 동태, 코다리, 노가리, 황태, 먹태 등

p.21

다른 재질 찾기　[언어능력 · 사고력]

다음 물건들의 이름을 말해보고 둘이 사용되지 않은 것을 찾아 번호에 ○해 주세요.

① 맷돌　　② 돌하르방
③ 지게　　④ 다듬잇돌

p.22

우리 동네 기관　[사고력 · 지남력]

다음 인물들의 직업을 말해 보세요. 일하는 장소가 어디인지 선으로 연결해 주세요.

경찰　　병원　00 정형외과
의사　　소방서
소방관　경찰서

p.23

높낮이 비교하기　[시지각능력 · 계산력]

1. 다음 3개의 돌탑 중 가장 높게 쌓은 돌탑을 찾아 번호에 ○해 주세요.

①　② ○　③

2. 가장 낮은 돌탑은 돌이 몇 개인지 세어 보세요.
　　　2　개

p.24

같은 그림 찾기　[주의집중력]

다음 커피잔들의 손잡이 방향을 잘 봐주세요.
보기의 커피잔과 손잡이 방향이 같은 잔에 ○해 주세요. (3개)

보기

p.25

성냥개비 요래조래　[시지각능력 · 계산력]

1. 다음 보기와 같이 놓여진 성냥개비를 찾아 번호에 ○해 주세요.

보기

①　②　③ ○

2. 다음 그림에 사용된 성냥개비의 개수는 모두 몇 개인가요?
　　　6　개

p.26

찻값 계산하기　[계산력]

만복씨가 찻집에서 차를 주문하고 있습니다. 메뉴판을 보고 물음에 답해 보세요.

메 뉴 판
커 피 2,500원
생강차 3,000원　사이다 2,000원
쌍화차 5,000원 (계란 추가 500원)

계란 동동 띄워서 쌍화차 1잔 주세요.

1. 만복씨가 내야 할 음료 값은 얼마인가요?
5,500 / 오천오백원 원

2. 위 메뉴 중 가장 싼 음료는 무엇인가요?
사이다

p.27

다른 부분 찾기　[주의집중력]

아래 두 그림을 보고 서로 다른 부분을 찾아 2번 그림에 ○해 주세요. (3군데)

①

p.28

미로 찾기　[시지각능력]

김여사님이 약을 사러 갑니다. 올바른 길을 찾아 선을 그어 보세요.

편안약국

p.29

상황에 대처하기　[사고력]

1. 다음 그림과 같은 상황에는 어떻게 해야 할지 알맞은 그림을 찾아 번호에 ○해 보세요.

→ ?

①　② ○　③

2. 몸에 갑자기 심각한 이상 증세가 나타날 때는 어디로 전화해야 할까요?
① 113　② 114　③ 119 ○

p.30

다른 표정 찾기　[주의집중력]

1. 다음 인물들의 얼굴을 잘 보고 어떤 표정인지 말해 보세요.

① 웃는 표정 (기쁜, 기분이 좋은 ...)
② 웃지 않은 표정 (심술이 난, 기분이 안 좋은 ...)
③ 웃는 표정
④ 웃는 표정

위 인물들 중 나머지 세 사람과 표정이 다른 한 사람을 찾아 번호에 ○해 주세요.

p.31

물건 위치 기억하기 ①　[기억력]

1. 다음 그림에 있는 물건은 무엇인가요? 물건이 있는 위치를 잘 기억해 주세요.

반지 (금반지, 쌍가락지 등)

☀ 위에 있는 물건의 위치를 다시 한번 보고, 기억해 주세요.
(다음 장으로 넘겨 주세요.)

p.32

물건 위치 기억하기 ②　[기억력]

2. 앞장에 있었던 물건은 무엇인가요?
답 : 반지 (금반지, 쌍가락지 등)

3. 물건이 있던 위치에 ○해 주세요.

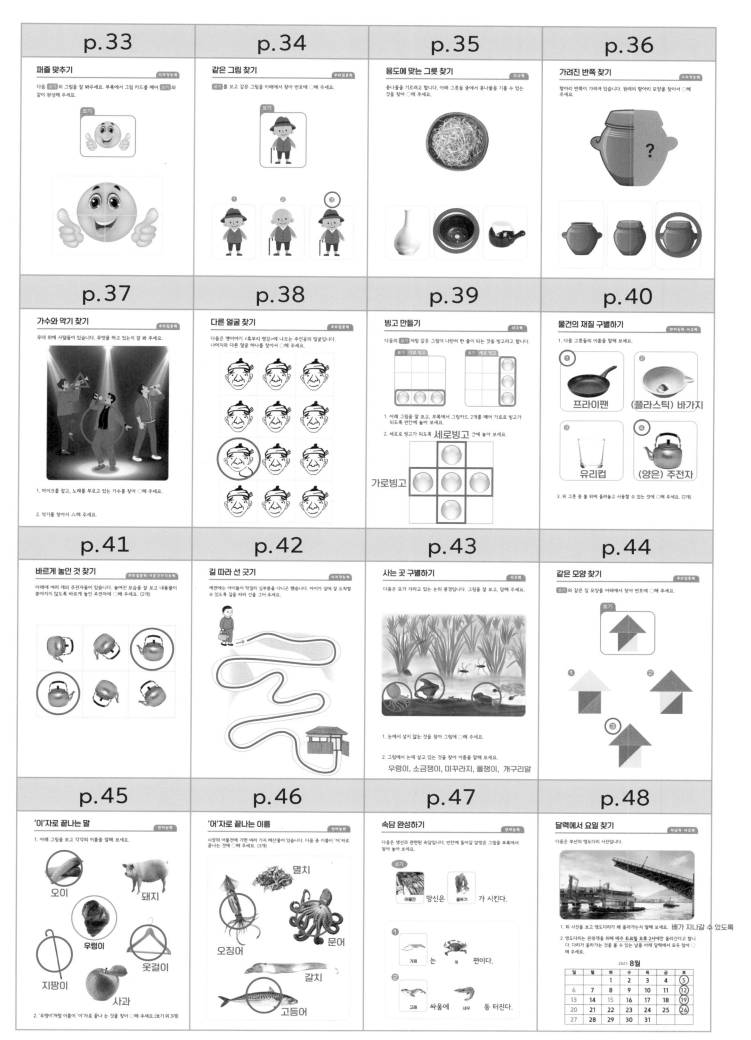

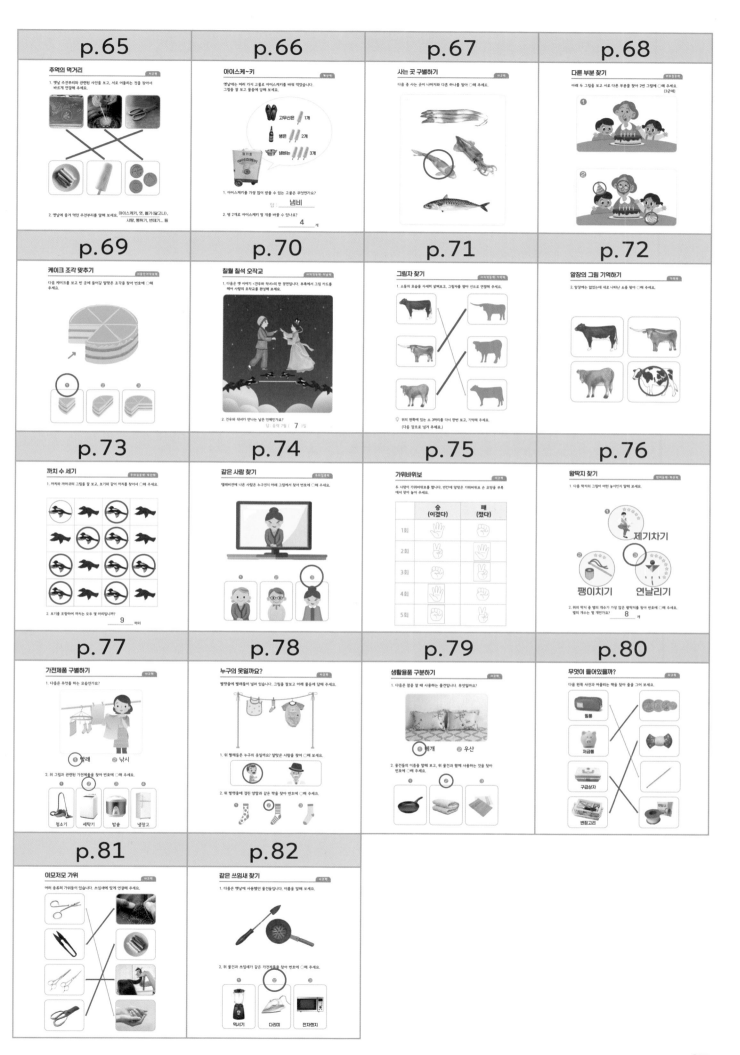

저자소개

이송은

학력 및 경력
책놀이전문가, 노인인지활동책놀이지도사
동화가있는집 연구소 소장(현)/실버인지프로그램 개발팀(현)
(사)한국책놀이지도사협회 이사장(현)

중앙대학교 대학원 유아교육과 박사과정 졸업(문학박사)
부천대학교 겸임교수
서울시 금천50플러스센터, 서초여성가족플라자, 경기성남교육도서관, 중앙교육(알짜닷컴)
'노인인지활동책놀이지도사' 자격증과정 강사(현)
보현데이케어센터 어르신인지책놀이 강사(현)
청구노인복지센터, 종로노인종합복지관 무악센터 치매예방 인지책놀이 강사(현)
일산서구치매안심센터 쉼터프로그램 강사(현)

저서
『노인여가프로그램개발: 노인을 위한 문학활동』(창지사)
『50+세대에 의한 인지활동형 어르신책놀이프로그램 개발과 적용』(서울시 50플러스재단)
『치매예방과 인지기능 강화를 위한 노인인지활동책놀이』(대표저자, 창지사)

논문
「세 연구자들의 스토리텔링탐험기: 그림책으로 아이들과 소통하는 할머니·할아버지 세워가기」
(교육인류학연구 19권 3호)
「비대면실시간 노인인지활동책놀이 프로그램이 인지기능과 우울감에 미치는 영향:
주야간보호시설이용 노인을 중심으로」(한국노년학 42권 1호)

수상
한국보건복지인재원 주최 온라인콘텐츠공모전, 〈나도 온라인 명강사〉 최우수상
– 「치매예방과 인지기능강화를 위한 도란도란 들썩들썩 노인인지활동책놀이」

안미영

학력 및 경력
책놀이전문가, 노인인지활동책놀이지도사
동화가있는집 연구소 연구원(현)/실버인지프로그램 개발팀(현)
(사)한국책놀이지도사협회 강사(현)

숭실대학교 사회복지대학원 사회복지실천전공 졸업(사회복지학석사)
숭실대학교 사회복지대학원 노인복지과정 수료
동화가있는집 연구소 '노인인지활동책놀이지도사' 자격증과정 강사(팀장) (현)
용산여성인력개발센터 내일배움 '노인인지활동책놀이지도사' 자격증과정 NCS강사(현)
서울특별시교육청용산도서관, 김영삼도서관 '노인인지활동책놀이지도사' 자격증과정 강사
서울시립은평노인종합복지관 치매예방 책놀이 강사(현)
관악구치매안심센터 인지건강 프로그램 인지활동 책놀이 강사
강남논현데이케어센터, 남산실버복지센터 외 다수 어르신 인지활동 책놀이 강사

저서
『치매예방과 인지기능 강화를 위한 노인인지활동책놀이』(공동집필, 창지사)

논문
「비대면실시간 노인인지활동책놀이 프로그램이 인지기능과 우울감에 미치는 영향:
주야간보호시설이용 노인을 중심으로」(한국노년학 42권 1호)

사회복지사 1급, 요양보호사, 노인인지활동책놀이지도사 1급. 책놀이지도사 1급

한지선 ....•

학력 및 경력 책놀이전문가, 노인인지활동책놀이지도사
동화가있는집 연구소 연구원(현)/실버인지프로그램 개발팀(현)
(사)한국책놀이지도사협회 강사(현)

을지대학교 환경보건학과 졸업
서울시영등포구청, 인천노인인력개발센터, 성남책이랑도서관 '노인인지활동책놀이지도사' 자격증과정 강사
신림데이케어센터 어르신인지활동책놀이 강사(현)
관악구치매안심센터 난곡분소 쉼터 노인인지활동책놀이 강사
인천이삭요양원, 꿈꾸는요양원 인지책놀이 강사

노인인지활동책놀이지도사 1급, 책놀이지도사 1급, 스토리텔러 1급, 놀이교육지도사 1급

홍선하 ....•

학력 및 경력 책놀이전문가, 노인인지활동책놀이지도사
동화가있는집 연구소 실버인지프로그램 개발팀(현)
(사)한국책놀이지도사협회 강사(현)

동강대학교 건축과 졸업
포천시보건소치매안심센터 치매환자 프로그램 강사(현)
포천시보건소치매안심센터 치매예방 프로그램 강사(현)
포천시청평생교육팀 노인인지활동책놀이 강사
포천시청평생교육팀 실버놀이 강사
포천시립도서관 찾아가는 시니어 그림책 테라피 강사

인지재활놀이지도사 1급, 미술심리치료사 1급, 노인두뇌훈련지도사 1급

김숙영 ....•

학력 및 경력 책놀이전문가, 노인인지활동책놀이지도사, 실버보드게임강사
동화가있는집 연구소 실버인지프로그램 개발팀(현)
(사)한국책놀이지도사협회 강사(현)

대전대학교 보건스포츠대학원 대체의학전공 졸업(보건학석사)
우송대학교부설 웰니스연구소 연구원
우송대학교부설 솔도라도웰빙센터 연구원
궁동종합사회복지관 치매예방교실 강사
나눔돌봄사회적협동조합 치매예방교육 강사
삼화데이케어센터 뇌튼튼 어르신인지책놀이 강사(현)

사회복지사 2급, 간호조무사, 요양보호사, 노인두뇌훈련지도사 1급, 노인심리상담사 1급

누구나 할 수 있는 뇌 튼튼

실버 인지활동 워크북 초급01

초판 1쇄 발행 2023년 10월 20일

지은이 이송은 · 안미영 · 한지선 · 홍선하 · 김숙영
동화가있는집 연구소 | 실버인지프로그램 개발팀

펴낸이 박인연

편 집 박인연

디자인 이미영

삽 화 김순애

마케팅 강동균

펴낸곳 모든북스 등록번호 2020년 9월 18일(제 2020-000195호)

주 소 경기도 고양시 일산동구 숲속마을 1로 55

이메일 modenbooks@naver.com

전 화 010-4587-5410

ISBN 979-11-972440-8-7(03060)

14p 감의 사계절에 활용하세요

33p 퍼즐맞추기에 활용하세요

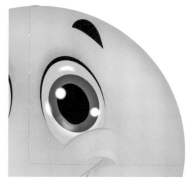

70p 칠월칠석 오작교에 활용하세요

39p 빙고 만들기에 활용하세요

47p 속담 완성하기에 활용하세요

게   **새우**

75p 가위바위보에 활용하세요